FACULTÉ DE DROIT DE PARIS.

Thèse

pour la Licence.

L'acte public sur les matières ci—après sera soutenu,
le mercredi 13 juin 1855, à neuf heures,

Par EUGÈNE-FRANÇOIS COLLIEZ, né à Gien (Loiret).

Président : **M. BRAVARD**, Professeur.

Suffragants :

MM. PELLAT,	Professeurs.
BONNIER,	
FERRY,	Suppléants.
ROUSTAIN,	

*Le Candidat répondra en outre aux questions qui lui seront faites
sur les autres matières de l'enseignement.*

PARIS,

VINCHON, FILS ET SUCCESSEUR DE Mme Ve BALLARD,
Imprimeur de la Faculté de Droit,
RUE J.-J. ROUSSEAU, 8.

—

1855.

3056

À MA MÈRE.

JUS ROMANUM.

DE PIGNORIBUS ET HYPOTHECIS, ET QUALITER EA CONTRAHANTUR,
ET DE PACTIS EORUM.—IN QUIBUS CAUSIS PIGNUS VEL HYPOTHECA
TACITE CONTRAHATUR.—QUÆ RES PIGNORI VEL HYPOTHECÆ DATÆ
OBLIGARI NON POSSUNT.

(Dig., lib. xx, tit. 1, 2, 3.)

TITULUS I.

DE PIGNORIBUS ET HYPOTHECIS, ETC.

Pignus est jus in re creditori, ad cautionem debiti, constitutum, ut pecunia non soluta, distrahat rem et ex pretio debitum consequatur : quod jus non dividitur, et parte soluta, manet totum ad reliquam partem tuendam. Hac voce quoque significatur et res pignori data et ipse pignoris contractus.

Inter hypothecam vero et pignus tantum, ut ait Martianus, nominis sonus differt : pignus tamen proprie dicitur quod ad debitorem transit ; hypotheca, cum non transit, nec possessio, apud debitorem : quantum autem ad contractum ipsum et modos ejus et actiones quæ ex eo nascuntur attinet, nullum est discrimen : quod de pignore igitur, simul et de hypotheca dicemus.

Pignus constitui potest pluribus modis : conventione, prætore aut lege : conventione autem, non interest traditionem fieri : solus consensus obligat. Hypotheca duas habet species : aut generalis est, id est in omnibus quæ habuit habiturusve est debitor bonis constituta, aut specialis, id est in corpore certo.

I. Omnia quæ emptionem et venditionem, etiam pignorationem recipiunt : res igitur vel soli, vel mobiles, vel corporales, vel incorporales, vel futuræ, recte pignori dantur. Ususfructus quoque et nomina, servitutes prædiorum rusticorum et urbanorum hypothecæ subjici possunt.

II. Ille pignori rem dare potest qui in illa dominium vel fruendi jus aliquid habet : fructuarius tamen non plus juris dare potest, quam ipse habet : hoc modo igitur pignori obligat, quo ipse fruitur : tutores autem, curatores, et qui rem alienam administrant possunt recte pignus contrahere, sed ex his causis tantum quæ ad administrationem spectant. Rei alienæ pignoratio valet, si postea ratam habuerit dominus, recurritque ratihabitio ad illud tempus, quo convenit : valet similiter pignus rei alienæ sub hac conditione pactum : si debitoris facta fuerit.

III. Nemo per extraneum jus acquirere potest : itaque pignus per neminem nisi filiumfamilias aut servum, aut procuratorem, aut negotia gerentem potest creditor accipere.

IV. Res hypothecæ dari sciendum est posse pro quacumque obligatione : sive pecunia mutua detur, sive dos, sive emptio vel venditio contrahatur, vel etiam locatio vel conductio, vel mandatum : et sive pura sit obligatio, vel in diem, vel sub conditione, et sive in præsenti contractu, sive etiam præcedat : sed et futuræ obligationis nomine dari possunt : sed et non solvendæ omnis pecuniæ causa, verum etiam de parte ejus : et vel pro civili obligatione, vel honoraria, vel tantum naturali : sed et in conditionali obligatione non alias obligantur, nisi conditio extiterit. Dare autem hypothecam quis potest, sive pro sua obligatione, sive pro aliena. Pignus quoque constituere possum alicui, ut aliquid faciam, veluti pro eo fidejubeam : non tamen plus valet contractus pignoris obligationi principali accedens quam ipsa principalis obligatio, et deficiente illa, deficit.

V. Obligantur autem res hypothcæ datæ, diverso modo, ut est specialis aut generalis hypotheca.

Si specialis constituatur, nominatim tantum res obligantur : fructus autem earum et accessiones in pignore sunt, ut ipsæ res; fructus tamen consumptos bona fide emptor utili Serviana restituere non cogetur. Servo pignori dato peculium ejus creditor frustra distrahit, nec interest quando servus domino peculium acquisierit. Partus ancillæ, licet fructus non sit, in eodem jure habendus est, si dominium illius ad eum pervenit qui obligavit, aut heredem ejus. A fortiori ratione, grege pignori obligato, quæ postea nascuntur, tenentur, quia in fructu sunt; sed et si prioribus capitibus deficientibus, totus grex fuerit renovatus, pignori tenebitur. Res ex nummis pignoratis empta non obligatur ob hoc solum quod pecunia pignorata erat. Re mutata, pignoris causa manet, veluti locus exustæ domus, aut hortus ex domo factus. Cum autem tabernam debitor creditori pignori dederit, sola hæc quæ mortis tempore debitoris in taberna inventa sunt pignori obligata esse videntur.

Si generaliter autem convenerit, ea quæ nondum sunt, futura tamen, tenentur, dummodo in dominium debitoris venerunt : verum quæ ex bonis defuncti non fuerunt, sed postea ab herede ejus ex alia causa adquisita sunt, vindicari non possunt a creditore testatoris. Obligatione generali rerum quas quis habuit

habiturusve est, ea non continebuntur quæ verisimile est quem-
quam specialiter obligaturum non fuisse; ut puta quæ in usum
quotidianum habentur, et ex mancipiis quæ utilitate vel affec-
tione potiora : denique concubina, filii naturales, alumni. Si
sciente et consentiente domino, servus ut omnia bona domini
pignori generali obligata essent convenerit, ipse quoque, qui
caverit, obligatus erit pignoris jure.

VI. Pacisci licet fructus pignoris in compensatione usurarum
creditoris fieri; aut, intra certum tempus non soluta pecunia ,
transire dominium ad creditorem, ut pignus possideat jure
emptoris, et multis modis aliis.

VII. Pignoris persecutio in rem parit actionem creditori
quasi-Servianam, Servianam aut hypothecariam; quæ interdum et pigneratitia vocatur, nec jure : pigneratitia enim debitor soluta pecunia, pignus a creditore petere solet; hypothecaria autem creditor a debitore aut quovis alio possidente pignus
persequitur. Utilis quoque Serviana datur : veluti si Titio qui
rem meam ignorante me creditori suo pignori obligaverit, heres
extitero, ex post facto pignus quidem non convalescet, sed utilis
Serviana dabitur creditori (negat tamen Paulus hanc Modestini
sententiam). Et si ab eo qui Publiciana uti potuit, quia dominium non habuit pignori rem accepi : sic tuetur me per Servianam prætor, quemadmodum debitorem per Publicianam. Com-
petit hæc actio creditori contra quemvis possessorem; sed aliter
lis æstimanda erit adversus debitorem et adversus alium ; nam
adversus debitorem non pluris quam debet, quia non pluris interest; adversus autem alium pluris, et quod amplius Serviana
debito creditor consecutus fuerit, hoc restituere cogetur debi-
tori pigneratitia actione. Potest creditor, si nondum dies pen-
sionis venit, et medio tempore utili Serviana persequi pignora.

Licet quoque creditori, ut supra diximus, quum dies venerit, nec soluta fuerit pecunia, vendere pignus; et interea locare illud aut rursus pignori dare.

TITULUS II.

IN QUIBUS CAUSIS PIGNUS, ETC.

Hypotheca quoque et pignus interdum tacite contrahuntur, et specialiter aut generaliter.

Specialiter : pignus igitur insulæ creditori datur qui pecuniam ob restitutionem ædificii exstruendi mutuam dedit, et ad eum quoque pertinebit , qui redemptori, domino mandante, nummos ministravit. Quæ in prædia urbana inducta illata sunt pignori esse creduntur, quasi id tacite convenerit, nec solum pro pensionibus, sed et si deteriorem habitationem fecerit culpa sua inquilinus : quod autem jus libertati non officit. Si conductum fuerit horreum vel diversorium vel area , tacita conventio de invectis illatis etiam in his locum habet, et in stabulis quoque, licet in urbanis prædiis non sint. In prædiis autem rusticis, fructus qui ibi nascuntur tacite intelliguntur pignori esse domino fundi locati.

Generaliter autem de hypothecis tacite contractis, quamvis hoc titulo non dictum sit, numerandæ tamen sunt hic legatarii in bonis defuncti, pupillorum et furiosorum in bonis tutorum suorum vel curatorum, fisci in bonis debitorum suorum, uxoris quoque in bonis mariti ; quæ omnes nisi sola, attamen præcipua sunt, et constitutionibus imperatorum constituuntur.

TITULUS III.

QUÆ RES PIGNORI DATÆ, ETC.

Quidam autem, licet pignori dent res suas vel hypothecæ,

nihil agunt. Pupillus sine tutoris auctoritate hypothecam dare non potest : filiusfamilias vel servus si pro alio rem peculiarem obligaverit, non tenetur, etsi liberam peculii administrationem habeat ; si vero pro se et administrationis gratia , valebit pigneratio. Res quæ in commercio non sunt, nec in jure pignoris esse possunt : sacræ igitur et sanctæ et religiosæ hypothecæ datæ non obligantur.

Liber quoque homo non pigneratur : statuliber autem recte obligari potest. Relegatur creditor qui sciens filiumfamilias a parente pignori accepit.

POSITIONES.

I. Prædiorum urbanorum ut rusticorum servitutes recte hypothecæ obligantur.

II. Obstat lex 22 , D. , *de pignoribus et hypothecis*, legi 41, D., *de pigneratitia actione.*

III. Non obstat lex 14, D., *de pignoribus et hypothecis* , legi 4, D., *de distractione pignorum* , et legi 5 , § 1 , D. , *quibus modis pignus.*

IV. Præses provinciæ recte potest pignus in ejus finibus accipere.

V. Ab hypothecaria multum differt actio pigneratitia.

VI. Non obstat lex 1, D., *quæ res pignori*, legibus 18 et 19, D. , *de pigneratitia actione.*

DROIT FRANÇAIS.

(Code Napoléon, art. 2106-2113, 2140-2165, 2196-2203. — Code de procédure, art. 832-838, 548-550. — Code de commerce, art. 446 et 448. — Loi du 3 septembre 1807 sur les hypothèques judiciaires.—Avis du conseil d'État du 22 janvier 1808 sur l'inscription des hypothèques légales. — Avis du conseil d'État du 26 décembre 1810 sur les rectifications des inscriptions.)

CHAPITRE Ier.

HISTORIQUE ET GÉNÉRALITÉS.

Les hypothèques et les priviléges, qui font la matière de cette thèse, datent de la plus haute antiquité : les premières, dont le nom indique l'origine, étaient en usage chez les Grecs : les priviléges aussi passèrent probablement de la Grèce à Rome, où nous les trouvons établis ; ils vinrent ensuite jusqu'à nous, en figurant dans notre ancien droit. Mais à Rome, si l'hypothèque se présente à nous avec un caractère de droit réel analogue au nôtre, le privilége ne nous apparaît que comme un droit personnel attaché à la qualité du créancier, et qui cédait toujours à l'hypothèque.

Quant à la publicité des charges grevant les immeubles, elle a toujours frappé les esprits par sa nécessité, mais effrayé les législateurs par la difficulté de la pratique. Chez les Grecs, elle était tout extérieure, et se manifestait par des poteaux placés sur le terrain même et indiquant les droits réels qui pesaient sur lui.

Les Romains y renoncèrent complétement et se contentèrent d'une hypothèque occulte.

Chez nous, les pays de droit écrit avaient conservé le système romain; dans les pays de coutume, la publicité consistait dans l'inscription sur les registres seigneuriaux exigée pour l'hypothèque comme pour l'aliénation.

La loi de brumaire an VII, malgré quelques tentatives infructueuses pour établir la publicité, est la première qui ait pu y réussir, en exigeant la transcription de tout acte translatif de propriété ou constitutif de droits réels susceptibles d'hypothèque, et l'inscription des priviléges et hypothèques, pour rendre ces actes et ces droits opposables aux tiers. Ce système fut abrogé par le Code qui y substitua le mode de publicité que nous étudierons dans cette thèse. Des additions y furent faites encore par la loi de 1841, qui modifia plusieurs articles du Code de procédure : la révision du Code de commerce en 1838 amena aussi quelques changements.

Récemment enfin, une loi du 23 mars 1855, exécutoire à partir du 1er janvier 1856, est venue rétablir la loi de brumaire, avec des modifications et des additions considérables, et abroger presque tout le système du Code en cette matière.

Nous traiterons cependant les questions de cette thèse en nous conformant aux textes en vigueur aujourd'hui ; nous nous bornerons seulement à faire les remarques suivantes :

Cette loi rend la transcription obligatoire, non-seulement pour les actes translatifs de propriété ou constitutifs de droits réels susceptibles d'hypothèque, ou contenant renonciation à ces droits, mais encore pour les jugements déclarant l'existence d'une convention verbale de cette nature, póur les actes constitutifs d'antichrèse, de servitude, d'usage ou d'habitation, ou portant renonciation à ces droits, pour les jugements qui en déclarent l'existence, pour les baux de plus de dix–huit ans, pour les actes ou jugements constatant la quittance ou cession d'une somme équivalente à trois années de loyers ou fermages non échus.

Elle abroge aussi les art. 834 et 835 du Code de procédure civile, en vertu desquels l'inscription pouvait être prise dans les quinze jours qui suivaient la transcription de l'acte de vente, dans le cas d'une seconde aliénation. Ce délai est remplacé, pour le vendeur et le copartageant, par celui de quarante-cinq jours, depuis la date de l'acte de vente ou de partage.

Mais le créancier hypothécaire, pour lequel il n'y a pas de délai, ne peut plus s'inscrire utilement après la transcription de l'acte de vente.

Le créancier ou légataire qui a demandé la séparation des patrimoines est dans le même cas.

L'action résolutoire accordée au vendeur par l'art. 1654 du Code Nap., et qui se cumulait avec le privilége de l'art. 2103, est supprimée à l'égard des tiers pour le vendeur qui a laissé éteindre son privilége.

Les mineurs devenus majeurs, les interdits relevés d'interdiction, les femmes veuves, dont l'hypothèque produisait son effet sans inscription, leurs héritiers ou ayants cause, ont un délai d'un an pour prendre inscription.

Avant d'aborder ce qui est relatif aux conservation et inscriptions de priviléges et hypothèques, à leur réduction, restriction et radiation, posons quelques principes généraux.

Le privilége est un droit que la qualité de la créance donne à un créancier d'être préféré aux autres créanciers, même hypothécaires.

L'hypothèque est un droit réel sur les immeubles affectés à l'acquittement d'une obligation.

Ces deux causes de préférence entre créanciers ont entre elles beaucoup de rapports : toutes deux sont des droits réels; toutes deux donnent au créancier qui les possède le pouvoir de faire vendre la chose qui en est l'objet pour être payé sur le prix, et de poursuivre cette vente entre les mains des tiers ; toutes deux sont indivisibles et garantissent les moindres parties de la créance ; toutes deux enfin doivent être rendues publiques, sauf de rares et spéciales exceptions.

Mais les différences qui les séparent sont encore plus nombreuses ; le privilége n'est établi que par la loi ; l'hypothèque l'est par la loi, la justice, les conventions. Le privilége a sa cause dans la qualité de la créance, l'hypothèque, presque toujours dans la volonté des parties; le privilége peut comprendre des meubles et des immeubles, l'hypothèque n'affecte que les immeubles; certains priviléges peuvent être rendus publics par une transcription, l'inscription est la seule voie qui rende l'hypothèque opposable aux tiers ; le rang des priviléges entre eux se règle par la faveur de la cause ; *privilegia non ex tempore æstimantur, sed ex causa;* celui des hypothèques, par la date de leur inscription ; *qui potior est tempore, potior est jure;* enfin, un privilége quelconque prime les hypothèques les plus anciennes.

Passons maintenant à l'examen des articles qui forment le sujet de cette thèse.

CHAPITRE II.

COMMENT SE CONSERVENT LES PRIVILÉGES.

Les priviléges sur les immeubles engendrent deux droits, l'un de préférence contre les autres créanciers, l'autre de suite contre les tiers détenteurs ; c'est à ce double titre qu'ils doivent être rendus publics. Cette publicité s'obtient par la transcription ou l'inscription de certains actes sur des registres spéciaux. La transcription est la copie, la translation exacte et complète sur le registre de l'acte translatif de propriété ; l'inscription est la mention, faite par simple extrait, des charges qui grèvent l'immeuble.

Le double effet des priviléges doit être étudié séparément : nous diviserons donc ce chapitre en deux sections.

SECTION Iʳᵉ.

De la publicité des priviléges au point de vue du droit de préférence.

La loi, dans l'art. 2106 du Code Napoléon, pose le principe général qui domine cette matière. Entre les créanciers, les priviléges sur les immeubles ne produisent d'effet qu'à compter de la date de leur inscription; cela veut dire, non que le privilége naît avec l'inscription, mais que, droit inerte jusque-là, cette formalité seule permet de s'en servir et de l'opposer aux tiers.

Quant aux priviléges sur les meubles, la publicité n'en était pas possible : ils peuvent donc être invoqués indépendamment de toute inscription.

Même à l'égard des immeubles, la règle générale souffre de nombreuses exceptions :

Et d'abord les priviléges généraux de l'art. 2101 ne sont soumis à aucune inscription : la raison de cette exception est la modicité de la créance et sa cause très-favorable.

Le vendeur d'un immeuble conserve son privilége par la transcription du contrat de vente, portant que la totalité ou partie du prix lui est due; mais pour faciliter les recherches des intéressés, la loi oblige le conservateur à faire d'office l'inscription; elle ne lui impose aucun délai, mais comme elle le rend responsable du préjudice que peut faire éprouver aux tiers le défaut d'inscription, son intérêt répond de sa diligence. Le vendeur peut faire faire directement l'inscription, car c'est par faveur que la loi autorise la transcription. Mais dans ce cas, si l'acheteur fait transcrire, même en même temps, le conservateur n'est pas moins obligé de faire d'office l'inscription, qui est la conséquence de la transcription.

Le tiers subrogé aux droits du vendeur par l'art. 2103 jouit des mêmes avantages.

Le privilége des copartageants pour les soultes ou le prix de licitation doit être inscrit; mais il y a exception à la règle de l'art. 2106, en ce sens que l'inscription prise dans le délai de deux mois du jour du partage ou de la licitation, produit son effet de ce jour même. Ce privilége prime ainsi tous les priviléges et hypothèques acquis dans l'intervalle par les créanciers personnels du copartageant débiteur de la soulte ou du prix de licitation. Si le copartageant ne fait pas inscrire dans les deux mois, son privilége rentre alors dans la règle et ne produit d'effet qu'à la date de l'inscription. Quoique l'art. 2109 ne parle pas du privilége pour la garantie en cas d'éviction, mis sur la même ligne que le précédent par l'art. 2103-3°, cette omission ne peut résulter que d'un oubli, et il faut appliquer à l'inscription de ce privilége ce que nous avons dit du privilége pour la soulte et le prix de licitation.

Une exception à la règle de l'art. 2106 a encore lieu dans le cas de séparation des patrimoines. Aux termes de l'art. 878 du Code Napoléon, les créanciers et les légataires ont droit de demander que les biens du défunt ne se confondent pas avec les biens de l'héritier, et forment une masse sur laquelle les créanciers de ce dernier n'aient de droit qu'après eux. On conçoit l'avantage qui en résulte lorsque la succession étant solvable ou à peu près, le passif de l'héritier dépasse son actif. Aux termes de l'art. 2111, l'inscription de ce privilége dans les six mois de l'ouverture de la succession remonte au jour de cette ouverture, et à ce titre, prime les inscriptions de priviléges ou hypothèques faites depuis ce jour et avant celle des créanciers de la succession. Même dans le cas où l'héritier aliène l'immeuble, le délai de six mois existe au profit des créanciers et légataires ; seulement le privilége ne sera opposable à l'acquéreur qu'autant qu'il aura été rendu public dans la quinzaine de la transcription de l'acte de vente, aux termes de l'art. 834 du Code de procédure, mais il existera toujours sur le prix.

Les créanciers et légataires ont un droit égal d'être préférés aux créanciers de l'héritier ; mais ils conservent entre eux les relations ordinaires, et les créanciers priment les légataires en vertu de la règle : *Bona non intelliguntur, nisi deducto œre alieno.* Si parmi plusieurs créanciers ou légataires, les uns laissent passer le délai légal, les autres satisfont aux conditions de la loi, on règle leur position relative conformément à ce principe, que chacun d'eux ne doit profiter ni souffrir de la négligence ou de la diligence des autres.

Outre le privilége de l'art. 2111, les légataires ont, aux

termes de l'art. 1017, une hypothèque légale dont les effets ne se confondent pas avec ceux du privilége.

Telles sont les exceptions apportées au principe de l'article 2106. Le privilége des architectes et ouvriers est au contraire soumis à cette règle : l'art. 2110 dit en effet qu'ils conservent leur privilége, par l'inscription de deux procès-verbaux, l'un constatant l'état des lieux et les travaux à faire, l'autre, la réception des travaux, à la date du premier. Il n'y a pas rétroactivité, car le premier est le principal, et les tiers sont avertis du privilége par sa publicité.

Comme conséquence de celui-là, quoique non cité par le Code, on peut énoncer celui établi en faveur du concessionnaire d'un marais à dessécher par la loi du 16 septembre 1807 et de celui qui fournit l'argent pour des recherches de mines par la loi du 10 avril 1810.

Deux autres priviléges sont soumis à la même règle : ce sont ceux du Trésor sur les immeubles acquis par les comptables depuis leur nomination, ou par leurs femmes, même séparées de biens, et sur ceux des condamnés en matière criminelle, correctionnelle ou de police, pour le recouvrement des frais et amendes. Ces priviléges établis par la loi du 5 septembre 1807 doivent être inscrits dans le délai de deux mois depuis l'acquisition ou la condamnation.

Dans tous les cas où, comme ci-dessus, un délai est indiqué pour prendre inscription, et qu'il n'y est pas satisfait, les priviléges deviennent de simples hypothèques légales, aux termes de l'art. 2113.

Les droits des cessionnaires de toutes ces créances privilégiées s'exercent de la même manière, aux lieu et place des cédants.

SECTION II.

De la publicité des privilèges au point de vue du droit de suite.

Outre le droit de préférence entre les créanciers, que règlent les art. 2106 et suivants, le privilége crée un droit de suite contre les tiers détenteurs ; ce droit de suite est soumis aussi à la publicité : les exceptions apportées à la règle de l'art. 2106 par les suivants sont-elles applicables au droit de suite? L'article 2166 répond à cette question d'une manière formelle : le privilége, pour créer un droit de suite, doit être inscrit sur l'immeuble avant son aliénation. Mais cette théorie avait dans la pratique de graves inconvénients : elle fournissait au débiteur un moyen facile de frauder les créanciers par des aliénations clandestines. Aussi l'art. 834 du Code de procédure est-il venu le modifier en étendant jusqu'à la quinzaine qui suit la transcription de l'acte de vente la faculté de faire inscrire son privilége ou son hypothèque.

En outre, l'art. 834 conserve au vendeur et au copartageant les autres avantages accordés par les art. 2108 et 2109 : au premier de faire faire une transcription au lieu d'une inscription ; et au second de conserver son droit de préférence, après avoir perdu son droit de suite, par l'inscription dans les deux mois du partage.

On applique par analogie cette théorie à la séparation des patrimoines, malgré le silence de la loi, et on dit qu'en vertu de l'art. 834 du C. de pr., le créancier a quinze jours après la transcription de l'acte de vente pour faire inscrire son droit de suite sur l'immenble, et qu'en vertu de l'art. 2111, ce délai expiré, s'il est encore dans celui de six mois, son inscription lui conservera son droit de préférence sur le prix.

CHAPITRE III.

RESTRICTION DE L'HYPOTHÈQUE LÉGALE.

' Nous avons dit que parmi les hypothèques il y en a d'établies par la loi sans l'intervention de la volonté de l'homme. Ces hypothèques légales sont générales, c'est-à-dire frappent les immeubles acquis par le débiteur, à mesure et par le seul fait de l'acquisition. Elles ont donc l'inconvénient d'attaquer souvent le crédit de celui qui y est soumis d'une manière hors de proportion avec ses obligations. Pour éviter cet abus, la loi permet aux parties de stipuler que l'hypothèque sera restreinte à certains immeubles jugés suffisants pour garantir pleinement les droits des intéressés. Nous avons à nous occuper de cette restriction par rapport aux hypothèques légales du mineur de l'interdit et de la femme mariée. Elle conserve' alors le nom spécial de restriction.

Les formes en varient suivant qu'elle est consentie au moment où l'hypothèque prend naissance, ou plus tard.

S'il s'agit d'une femme mariée, l'hypothèque peut être restreinte par le contrat de mariage; il suffit pour cela que les parties qui la consentent soient majeures; il faut dire que la femme est seule soumise à cette condition, car la restriction est toujours dans l'intérêt du mari. Quelque minime que soit l'immeuble soumis à l'hypothèque, il faut qu'il en existe un : la renonciation est prohibée,

S'il s'agit d'un tuteur ou d'un curateur, l'avis du conseil de famille énoncé dans l'acte de nomination du tuteur, opérera le même effet. Les tuteurs légitimes et testamentaires peuvent jouir du même avantage.

Les immeubles ainsi désignés seront seuls hypothéqués et

l'inscription ne devra être prise que sur ceux-là, les autres en seront affranchis.

Si l'hypothèque n'a pas été restreinte *ab initio*, elle peut l'être par la suite, mais les formalités sont plus sévères.

Pour la femme, il faut : 1° le consentement de la femme ; 2° l'excès notoire des immeubles du mari sur la fortune actuelle et future de la femme ; 3° l'avis des quatre plus proches parents de la femme, réunis en assemblée de famille ; 4° l'appel en cause du procureur impérial comme partie principale.

Pour le mineur : 1° l'excès notoire des immeubles du tuteur sur la fortune du pupille ; 2° la direction de la demande contre le subrogé-tuteur ; 3° l'avis du conseil de famille ; 4° l'intervention du ministère public comme partie jointe.

CHAPITRE IV.

INSCRIPTION DES PRIVILÉGES ET HYPOTHÈQUES.

Nous avons dit que les priviléges et les hypothèques se conservaient par l'inscription ; voyons maintenant le détail des opérations qui la constituent.

SECTION Ire.

Lieu où doit être prise l'inscription.

Et d'abord, en ce qui concerne le lieu, la France est divisée en arrondissements ou étendues comprises dans le ressort d'un bureau de conservation des hypothèques ; chaque immeuble est donc compris dans le ressort d'un de ces bureaux ; c'est à ce bureau que devront être inscrites les charges qui le grèvent, pour être portées à la connaissance des tiers.

On doit prendre autant d'inscriptions qu'il y a de bureaux auxquels ressortissent les immeubles grevés; réciproquement, il faut une inscription pour chaque immeuble, s'il y en a plusieurs dans le même arrondissement, excepté pour les hypothèques légales et judiciaires.

SECTION II.

Époque de l'inscription.

Lorsque la loi a fixé un délai particulier pour l'inscription d'un privilége ou d'une hypothèque, ce délai est de rigueur, et l'inscription ne peut être prise postérieurement.

Ainsi, le délai de six mois pour les créanciers et légataires qui ont demandé la séparation des patrimoines, celui de deux mois pour les copartageants, opèrent l'anéantissement du privilége; il est remplacé par une hypothèque légale.

Ainsi encore, l'immeuble sorti du patrimoine du débiteur, nous avons vu que si le titre qui constate la vente est transcrit, l'inscription ne sera reçue que pendant les quinze jours qui suivront la transcription; qu'il s'agisse d'un privilége ou d'une hypothèque, le droit de suite est perdu.

Le Code de commerce, dans les art. 446 et 448, déclare nuls certains actes lorsqu'ils accompagnent l'état de faillite du débiteur; voici l'analyse de ces articles :

Certains actes, par cela seul qu'ils ont été faits à une époque suspecte, sont nuls d'une manière absolue. Ainsi, sont annulés tous droits d'hypothèque et de privilége constitués pour dettes antérieurement contractées dans les dix jours qui ont précédé la cessation des payements ou depuis; et par conséquent, toutes inscriptions de pareils droits; les inscriptions prises après le jugement déclaratif de la faillite sont aussi nulles de droit.

D'autres actes ne sont pas nuls d'une manière absolue ; ils peuvent seulement être annulés par le juge, s'il croit y découvrir une fraude : et cette fraude peut consister uniquement dans la connaissance du mauvais état des affaires du débiteur : ainsi sont annulables les inscriptions prises après l'époque de la cessation des payements, ou dans les dix jours qui l'ont précédée, s'il s'est écoulé plus de quinze jours entre la date de l'acte constitutif de l'hypothèque ou du privilége et celle de l'inscription.

Ainsi encore, les créanciers ayant une cause de préférence ne peuvent plus prendre leur inscription sur les immeubles de leur débiteur après sa mort, si sa succession est acceptée sous bénéfice d'inventaire ; mais cette nullité n'est opposable qu'aux créanciers du défunt. Le principe s'applique *a fortiori* si la succession est répudiée, mais non au cas où l'héritier étant mineur l'acceptation ne peut se faire que dans cette forme.

Les actes judiciaires sont assimilés aux jugements, et emportent comme eux hypothèque générale. Il en résultait sous l'empire du Code que la reconnaissance faite en justice d'une dette non échue ou non exigible permettait au créancier de prendre inscription dès à présent sur les immeubles d'un débiteur qui ne l'était pas encore. La loi du 3 septembre 1807 a obvié à ce grave inconvénient en disant qu'on ne pourrait prendre en vertu d'un tel acte, une inscription d'hypothèque, qu'à défaut de payement à l'échéance.

SECTION III.

Des formalités de l'inscription proprement dite.

Le créancier, ayant satisfait aux conditions de temps et de lieu ci-dessus étudiées, qui se présente au bureau des hypothèques pour faire opérer l'inscription, devra présenter l'original en brevet ou l'expédition en forme authentique de l'acte ou du jugement qui a donné naissance à l'hypothèque ou au privilége, et deux bordereaux écrits sur papier timbré.

Ces bordereaux, dont l'un est la copie exacte de l'autre et dont l'un peut être écrit à la suite de l'acte, contiennent :

1° Les noms, prénoms, profession et domicile du créancier, avec élection de domicile dans le ressort du bureau : ce domicile peut être changé par la suite par le créancier ou son cessionnaire par acte authentique, mais il doit toujours être dans le même ressort et déclaré au bureau des hypothèques, où mention est faite du changement. C'est à ce domicile que sont faites toutes les notifications qui intéressent le créancier à raison de l'hypothèque, tant pour la purge légale que pour les actions auxquelles l'inscription peut donner lieu.

2° Les noms, prénoms, profession et domicile du débiteur : on peut cependant suppléer à l'absence des renseignements à son sujet par une désignation telle que le doute sur son identité soit impossible.

3° La date et la nature du titre qui a donné naissance à la créance garantie par le privilége ou l'hypothèque.

4° Le montant du capital de la dette, soit exprimée dans le titre, soit évaluée par le créancier dans les cas où cette évaluation est ordonnée, la créance étant future, conditionnelle ou indéterminée ; le montant des accessoires et l'époque de l'exigibilité.

5° L'indication de l'espèce et de la situation de chacun des immeubles sur lesquels frappe l'hypothèque ou le privilége.

En cas d'hypothèque judiciaire ou légale, cette dernière indication n'est pas nécessaire, car l'inscription prise à un bureau frappe tous les immeubles du débiteur dans le ressort de ce bureau ; cependant si l'immeuble appartenait non au débiteur, mais à un tiers, l'indication spéciale serait nécessaire.

La loi n'exige pas non plus, dans le cas d'hypothèque légale, l'évaluation de la créance qui est impossible, ni l'indication de l'époque d'exigibilité qui est incertaine. Il n'y a pas non plus de titre constitutif à présenter, ce titre étant dans la loi elle-même.

Le conservateur, après avoir copié sur son registre le contenu de ces bordereaux, garde l'un d'eux, et remet à l'inscrivant l'autre, sur lequel il certifie avoir fait l'inscription.

Les énonciations des bordereaux ne sont pas toutes exigées à peine de nullité; l'absence ou l'inexactitude de l'une d'elles peut vicier complétement l'inscription, ou la rendre seulement irrégulière; l'appréciation de ce vice appartient aux tribunaux.

SECTION IV.

De l'étendue des droits conservés par l'inscription.

Si l'inscription mentionne que la créance est productive d'intérêts, ceux échus au moment de l'inscription sont conservés au même rang que la créance; quant à ceux qui échoient par la suite, la loi ne les admet que pour deux années et l'année courante, qui commence au jour de l'inscription; mais on peut conserver les intérêts à mesure des échéances par des inscriptions particulières.

Les intérêts échus depuis la demande en collocation sont conservés au même rang que le capital, ainsi que les frais de la demande en collocation et ceux de l'inscription qui sont avancés par le créancier. En cas d'hypothèque légale, le conservateur fait l'avance des frais d'inscription; et en cas de transcription, même requise par le vendeur, les frais sont à la charge de l'acquéreur.

Quoique l'art. 2151 ne parle que des hypothèques, on doit

appliquer la même règle aux priviléges, car les raisons sont identiques. Il faut en excepter cependant le privilége du vendeur et l'hypothèque légale du mineur et de la femme mariée, qui conservent au même rang que le capital tous les intérêts échus; en effet, le vendeur pourrait obtenir par une demande en résolution le prix et les intérêts qui en font partie, et l'hypothèque des seconds produisant son effet sans inscription est censée renouvelée pour chaque portion de créance échue, comme pour la créance du capital.

SECTION V.

Du renouvellement des inscriptions.

L'inscription d'un privilége ou d'une hypothèque ne garantit le droit du créancier que pendant dix années; ce temps expiré, le droit n'est pas éteint par cela seul que l'inscription ne le conserve plus, et une nouvelle inscription peut être prise; mais elle ne produira d'effet qu'à sa date.

Cette règle a été introduite dans l'intérêt de la publicité, car les recherches des conservateurs au bout d'un temps plus long seraient devenues impossibles.

Un avis du conseil d'État du 22 janvier 1808 consacre l'étendue de cette règle à toutes les inscriptions; reconnaît que les hypothèques et priviléges exemptés d'inscription le sont aussi de renouvellement; que ceux qui sont obligés d'opérer l'inscription le sont également d'opérer le renouvellement; qu'une exception doit être faite pour le conservateur à propos du privilége du vendeur, et que dans ce cas c'est à la partie intéressée à requérir le renouvellement.

Bien entendu, les impossibilités de temps et de lieu indiquées plus haut pour l'inscription ne sont jamais applicables au renouvellement; mais si l'époque du renouvellement est passée, il faudra les appliquer pour voir si une nouvelle inscription peut être admise.

CHAPITRE V.

RADIATION ET RÉDUCTION DES INSCRIPTIONS.

La radiation des inscriptions est la mise à néant pour l'avenir de ces inscriptions : elle s'effectue par la mention mise en marge de l'inscription par le conservateur que l'inscription est radiée : il énonce en même temps l'acte en vertu duquel la radiation est faite, et conserve copie de cet acte pour sa justification.

Cette radiation peut être conventionnelle ou judiciaire : dans le premier cas, il suffit que le créancier, ayant capacité suffisante, c'est-à-dire celle d'aliéner le droit garanti par l'hypothèque, consente à perdre cette garantie, et que le débiteur rapporte l'expédition de l'acte authentique qui constate ce consentement; dans le second, il rapporte celle du jugement en dernier ressort ou passé en force de chose jugée qui ordonne la radiation. Pour établir cette irrévocabilité du jugement, le débiteur devra fournir un certificat de l'avoué constatant la signification et sa date, et un certificat du greffier énonçant qu'il n'existe contre ce jugement ni opposition ni appel inscrits sur le registre à ce destiné; telle est la forme prescrite par les articles 548, 549 et 550 du Code de procédure civile.

Les demandes en radiation sont formées devant le tribunal dans le ressort duquel l'inscription a été prise, à moins que l'hypothèque ne dépende d'une contestation pendante entre les mêmes parties, ou que leur choix n'ait désigné un autre tribunal.

La radiation sera ordonnée toutes les fois que l'inscription aura été faite sans être fondée ni sur la loi ni sur un titre, ou en vertu d'un titre irrégulier, éteint ou soldé; ou que les droits de privilège ou d'hypothèque seront éteints par les voies légales.

La radiation peut être partielle, et prend alors le nom de réduction; cette réduction est aussi conventionnelle et judiciaire et peut porter sur le nombre des immeubles hypothéqués, ou sur la somme conservée par l'hypothèque; les hypothèques conventionnelles, ou celles déjà réduites du consentement du créancier, ne sont plus susceptibles de la réduction judiciaire, sous le rapport du nombre des immeubles. Quant aux hypothèques légales de la femme et du mineur, la réduction prend le nom particulier de restriction, que nous avons étudiée plus haut, et est soumise à des règles particulières.

La réduction judiciaire, pour laquelle on suit les règles de compétence exposées pour la radiation, est accordée par le juge quand l'hypothèque est excessive, c'est-à-dire quand la valeur d'un ou plusieurs des immeubles hypothéqués excède de plus d'un tiers en fonds libres le montant des créances à conserver. Pour l'estimation de cette valeur, la loi pose certaines règles assez inexactes; mais ces règles ne lient pas le juge, qui peut s'aider pour la fixer de tous autres renseignements.

Quant à la somme conservée par l'inscription, le débiteur peut faire réduire comme excessive l'évaluation faite par le créancier, dans le cas de créance future, conditionnelle ou indéterminée : cette réduction s'applique aux hypothèques même conventionnelles : elle s'appliquera encore à celles déjà réduites du consentement du créancier, ou par un jugement antérieur. Les règles ci-dessus fixées pour l'évaluation ne sont plus appliquées, et les tribunaux sont juges souverains; ils doivent seulement concilier les droits vraisemblables du créancier avec le crédit raisonnable à conserver au débiteur. L'hypothèque d'ailleurs n'est pas limitée par le jugement d'une manière absolue et définitive, et des inscriptions ultérieures peuvent être prises, mais produisant effet seulement à leur date.

CHAPITRE VI.

DE LA PUBLICITÉ DES REGISTRES ET DE LA RESPONSABILITÉ DES CONSERVATEURS.

Les inscriptions et transcriptions faites sur les registres des conservateurs le sont pour que la connaissance des priviléges et hypothèques grevant les immeubles soit rendue publique. Cette publicité s'obtient par la faculté accordée à chacun de requérir du conservateur un état des charges inscrites sur chaque immeuble, ou un certificat qui en constate l'absence.

Les conservateurs sont responsables de l'erreur ou de l'omission des inscriptions et transcriptions, tant sur les registres que sur les certificats qu'ils délivrent. Il faut cependant que la faute vienne d'eux, et que le créancier ne s'en aperçoive pas à temps pour se présenter avant l'homologation de l'ordre entre les créanciers. Mais le certificat du conservateur fait pleine foi à l'égard de l'acquéreur, qui possède l'immeuble franc et quitte de toutes charges par les formalités de la purge : c'est le créancier qui a un recours contre le conservateur.

Quand le conservateur connaît l'erreur ou l'omission, il n'a pas besoin pour y remédier de recourir à l'autorité judiciaire; il peut porter lui-même sur son registre, à la date courante, une inscription régulière; il devra mentionner la rectification et donner extrait des deux inscriptions à la fois, mais il sera responsable envers le créancier à qui le retard de l'inscription peut porter préjudice. Telle est la marche indiquée pour les rectifications par un avis du conseil d'État du 26 décembre 1810.

Les conservateurs, outre le registre des inscriptions et celui des transcriptions, sont tenus d'en avoir un troisième où ils relatent les dépôts à eux faits d'actes à transcrire et les inscriptions à faire ; ils donnent acte aux parties de la remise des pièces, et doivent faire l'inscription dans l'ordre de cette remise.

Tous ces registres sont en papier timbré, cotés et paraphés par première et dernière par un membre du tribunal, et sont remplis par ordre, sans aucun blanc ; ils doivent aussi être arrêtés jour par jour par les conservateurs, comme ceux d'enregistrement.

Une amende de 200 à 2,000 fr., et la destitution en cas de récidive, punissent la négligence du conservateur, qui est en outre responsable envers les parties de tous dommages-intérêts, payables avant l'amende. Cette négligence est constatée par les procès-verbaux des inspecteurs, et par ceux dressés pour le compte des parties par un juge de paix, un huissier, ou un notaire assisté de deux témoins.

CHAPITRE VII.

DE LA SURENCHÈRE SUR ALIÉNATION VOLONTAIRE.

L'acquéreur d'un immeuble grevé de droits réels de privilége ou d'hypothèque, peut, ou le délaisser, ou payer intégralement les créanciers inscrits, ou les payer suivant leurs droits jusqu'à concurrence du prix d'achat ou d'évaluation. S'il prend le dernier parti, il fait offre de ce prix aux créanciers, aux domiciles élus dans les inscriptions. Ceux-ci peuvent surenchérir, c'est-à-dire requérir la mise aux enchères de l'immeuble, en s'engageant à porter ou faire porter le prix d'adjudication à un dixième en sus du prix offert. C'est cette procédure de surenchère que réglementent les art. 832 à 838 du Code de procédure civile, que nous avons à étudier.

La loi règle d'abord, dans les art. 832 et 833, la forme des notifications et réquisitions à faire à l'acquéreur par le créancier surenchérisseur, qui doit fournir une caution ou un nantissement en argent ou en rentes sur l'État. Dans le cas d'inactivité ou collusion du créancier surenchérisseur, tous autres créanciers inscrits peuvent se faire subroger à la poursuite, aux risques et périls du créancier surenchérisseur.

Les art. 834 et 835 contiennent une règle que nous avons déjà remarquée : les créanciers peuvent faire inscrire leurs priviléges ou hypothèques jusqu'à la quinzaine après la transcription de l'acte de vente ou de donation ; mais l'acquéreur n'est pas tenu de faire les notifications prescrites aux créanciers postérieurs à la transcription, c'est à eux de veiller à leurs intérêts.

La surenchère étant formée, le créancier la rend publique par des affiches et des insertions dans les journaux, qui contiennent toutes les indications utiles à connaître et énumérées dans l'art. 836. Sommation est faite dans le même délai de quinze jours au moins et trente jours au plus avant l'adjudication, à l'ancien et au nouveau propriétaire, d'assister à l'adjudication, ainsi qu'au créancier surenchérisseur s'il est remplacé dans la poursuite.

L'adjudication est faite au jour indiqué dans les formes de la vente des immeubles des mineurs ; le surenchérisseur est déclaré adjudicataire, s'il n'y a aucune autre enchère.

Les nullités proposées dans cette procédure doivent l'être, suivant les actes qu'elles concernent, avant le jugement de ré-

ception de caution, pour les nullités des notifications et assi-
gnations, et trois jours au moins avant l'adjudication pour les
actes postérieurs; il est statué par ou avant ces jugements. L'appel n'est reçu que des jugements de réception de caution ou de
subrogation à la poursuite. Les jugements et arrêts par défaut,
en cette matière, ne sont jamais susceptibles d'opposition.

L'adjudication par suite de surenchère sur aliénation volon-
taire ne peut être frappée d'aucune autre surenchère ; l'immeuble a dû être porté à sa juste valeur.

QUESTIONS.

I. La séparation des patrimoines est un privilége.

II. L'inscription de séparation des patrimoines est utile
même lorsque la succession est acceptée sous bénéfice d'inventaire.

III. L'article 2146 ne s'applique pas au cas où l'héritier
étant mineur l'acceptation bénéficiaire est de rigueur.

IV. Le tuteur légitime et le tuteur testamentaire peuvent,
comme le tuteur datif, obtenir du conseil de famille une restriction de l'hypothèque légale du mineur.

V. Le mari ne peut pendant le mariage et sans le consentement de sa femme, obtenir une restriction ni une réduction de
son hypothèque.

VI. L'art. 2151 s'applique aux priviléges comme aux hypothèques.

VII. Une inscription radiée en vertu d'un jugement qui est

depuis cassé ou rétracté peut être rétablie à l'égard des créanciers inscrits avant la radiation.

VIII. Le débiteur peut faire réduire, dans le cas d'une évaluation excessive, même les hypothèques déjà réduites du consentement du créancier.

IX. Le tuteur peut donner seul main levée de l'hypothèque appartenant au mineur.

X. L'avis du conseil d'État du 26 décembre 1810 s'applique aux omissions totales des inscriptions, comme à leur inscription irrégulière.

Vu par le Président de la thèse
BRAVARD.

Vu par le Doyen,
C.-A. PELLAT.

www.ingramcontent.com/pod-product-compliance
Lightning Source LLC
Chambersburg PA